SUSTAINABLE DEVELOPMENT GOALS 어린이가 꼭 알아야 할 지속가능발전목표

슬기로운 지구 생활

09 좋은 교육

글 새런 테일러 | 그림 엘리사 로치
옮김 김영선 | 감수 윤순진

다산어린이

지속가능발전목표
다산북스는 유엔의 지속가능발전목표를 지지합니다.

2015년 유엔(UN, 국제연합)은 지구와 우리의 삶에 영향을 미치는 가장 심각한 문제들을 해결하기 위해 '지속가능발전목표'를 세웠어. '지속가능발전'이란 미래를 위해 환경을 보호하고 사회·경제적 자원을 낭비하지 않으면서 현재의 우리 삶을 더 좋은 방향으로 발전시키는 것을 말해. 이를 위해 전 세계가 2016년부터 2030년까지 달성할 17가지 목표를 정한 거야. 지속가능발전목표는 국가뿐 아니라 시민 하나하나가 일상생활에서 노력해야 이룰 수 있어.

지구의 모든 사람이 좋은 교육을 받으려면 무엇을 해야 할까?

슬기로운 지구 생활을 위해!

- 모든 어린이에게 영유아 교육 기회를 주고, 초등학생과 중학생을 무상으로 교육하기.
- 모든 청소년과 어른이 글을 읽고 쓸 수 있고, 직업을 갖거나 사업을 시작하는 데 도움이 되는 기술을 배우도록 용기를 북돋우기.
- 학교를 졸업한 뒤에도 계속 공부하고 싶은 어른에게 적당한 비용으로 교육받을 기회를 보장하기.
- 모두 안전한 곳에서 교육받을 수 있도록 학교를 짓고 뒤떨어진 교육 시설을 개선하기.
- 가난한 나라에 우수한 선생님의 수를 늘리기.
- 기술과 공학, 과학 분야의 고등교육을 시작하는 개발도상국의 학생들을 위해 재정적 지원과 장학금 혜택을 늘리기.
- 학생들에게 세계시민 의식과 인권, 성 평등, 지속 가능한 발전을 비롯해 여러 문화와 생활양식, 나이와 인종, 능력과 언어, 외모와 종교의 다양성에 대해 가르치기.

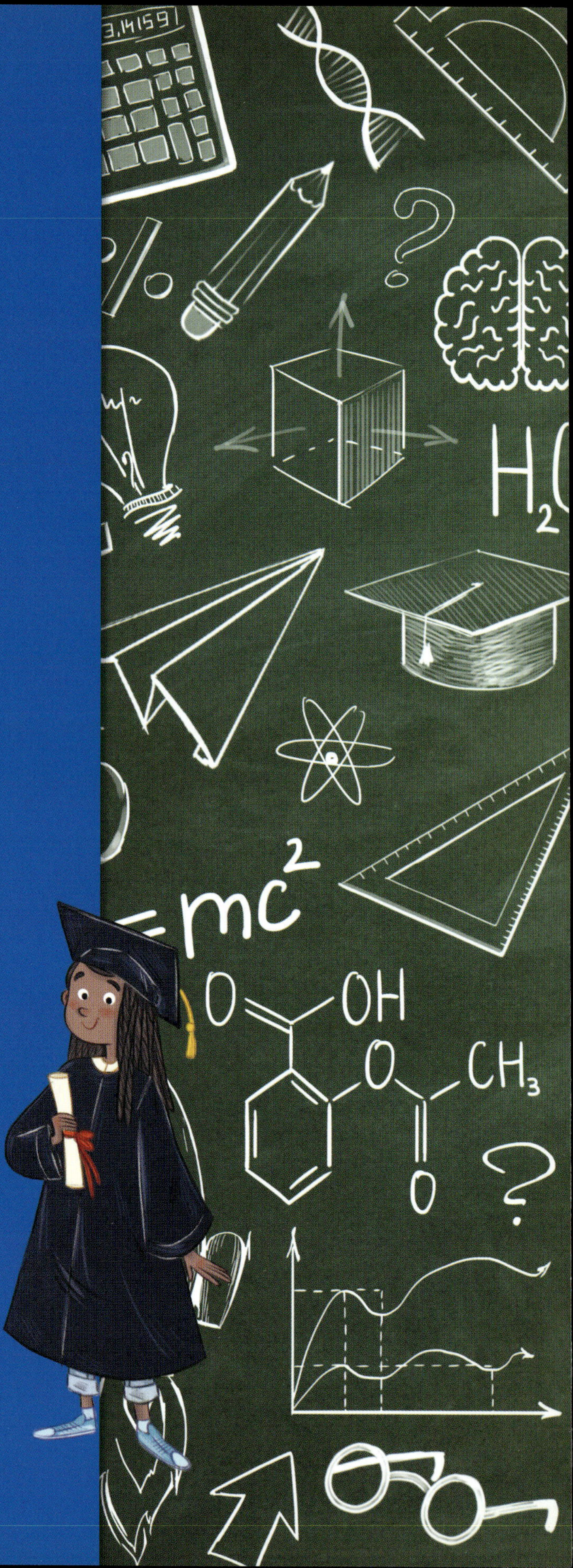

차례

6-7	교육이 힘이야
8-9	무상교육
10-11	기초학력을 튼튼히
12-13	교육에서의 성차별
14-15	교육에서 소외되지 않도록
16-17	읽기와 쓰기
18-19	다양한 교육기관
20-21	어른도 교육이 필요해
22-23	부족한 학교와 교육 장비
24-25	선생님 교육
26-27	코로나19와 교육 위기
28-29	문제는 돈이야
30-31	올바름을 가르치는 교육
32	성공적인 모범 사례
33	찾아보기

교육이 힘이야

유엔의 지속가능발전목표는 17가지 도전 과제로 이루어져 있어. 이 목표를 모두 달성하기 위한 가장 좋은 방법은 전 세계 모든 사람에게 교육받을 기회를 보장하는 거야.

교육은 우리의 발전을 위해 필수적인 요소야. 우리가 살아가는 데 필요한 모든 지식과 기술을 교육을 통해 배우니까.

교육을 잘 받으면 좋은 직장을 구하거나 돈을 벌 수 있기 때문에 혼자 힘으로 생활을 꾸릴 수 있고 가족에게 안전한 집을 마련해 줄 수 있어.

수준 높은 교육을 받으면 우리 모두 공평한 기회를 누릴 가능성이 높아져. 또한 나와 다른 인종과 문화, 성별 등의 차이점에 대해 배우고 서로 이해하는 과정을 거치기 때문에 지금보다 더욱 평화로운 세상을 만들 수 있지.

교육을 통해 지역사회를 발전시키는 법도 배울 수 있어. 각각의 지역사회가 발전하면 결국 나라 전체의 힘도 강해지겠지?

읽기, 쓰기, 셈하기와 같은 기본적인 학습 능력(기초학력)을 갖추면 지속 가능한 삶의 방법을 터득할 수 있어. 그리고 현재와 미래에 닥친 문제의 해결 방법을 찾는 데 도움이 된단다.

무상교육

교육을 받는 것도 인간의 기본적인 권리야. 건강한 삶을 위해서도 교육이 꼭 필요하지. 여기서 가장 중요한 것은 모든 아이가 무상, 즉 공짜로 배워야 한다는 점이야. 그리고 학교가 집에서 가까워야 하지.

교육은 어릴 때부터 시작해야 해. 어린이는 정보를 쉽고 빠르게 받아들이니까. 학교에 들어가면 처음에는 주로 읽는 법과 쓰는 법을 익히고 간단한 셈하기를 배워. 그리고 친구를 사귀는 방법과 서로 돕고 힘을 합치는 법도 터득할 수 있지.

학년이 올라가면 상급 학교로 진학하거나 직업을 얻을 때 도움이 되는 더 자세한 과목들을 배우게 된단다.

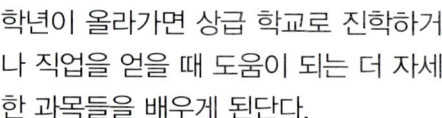

하지만 지금도 선진국과 개발도상국(경제 개발이 선진국에 비해 뒤떨어진 나라) 모두에서 2억 5,000만 명이 넘는 아이들이 학교에 다니지 않고 있어. 이 중 절반 정도가 15~17세 청소년이야. 그러니까 초등학교에 다닌 아이 중 많은 수가 중등교육을 받지 못한다는 뜻이야.

교육 빈곤이란 말을 아니? 교육을 충분히 받지 못한 것을 가리키는 말이야. 학교에 다닌 기간이 4년 이하면 '교육 빈곤', 2년 이하면 '심각한 교육 빈곤'이라고 분류해.

교육 빈곤 속에 자란 아이는 어른이 되어서도 가난하게 살 가능성이 높아.
게다가 그들의 아이 역시 제대로 교육받지 못하면서 여러 세대 동안 가난의 악순환이 계속되는 거야.

어쩔 수 없이 공부를 포기하는 아이도 많아. 여자라서, 몸이 아파서, 장애가 있어서, 전쟁이 터져서, 전염병이 돌아서 등등 포기하는 이유도 다양하지.

유엔은 '양질의 교육'을 지속가능발전목표 중 4번으로 정했어. 전 세계 정부가 빨리 해결할 문제 중에서도 교육을 가장 우선순위에 두어야 한다고 강조하고 있지.
우리가 모두 함께 이 목표를 향해 노력하면 출신 지역이나 종교, 성별이나 나이, 장애나 재산과 상관없이 누구나 공평하게 좋은 교육을 받을 수 있을 거야.

기초학력을 튼튼히

초·중·고등학교에서 대학교까지 좋은 교육이 이루어지려면 교육과정이라는 특별한 계획을 세워야 해. 교육과정은 모든 학생이 기초적인 학습 능력을 키울 뿐만 아니라 좋은 일자리를 구하는 데 도움이 되는 과목을 배울 수 있도록 설계해야 하지. 가장 기본은 글을 읽고 쓰는 법을 가르치는 거야. 그 다음 과학(Science), 기술(Technology), 공학(Engineering), 예술(Art), 수학(Mathematics)을 가르치지. 이 과목들을 모두 합해 스팀(STEAM)이라고 불러. 각 과목의 영어 이름에서 첫 글자를 딴 거야.

읽기

- 어휘력을 늘려 줘.
- 암기력도 키워 주지.
- 집중력을 높일 수 있어.
- 분석력을 익히게 돼.
- 긴장을 풀어 주거나 스트레스를 줄이기도 해.
- 글쓰기 실력을 키워 주기도 하지.
- 글을 읽거나 쓰지 못하는 것을 '문맹'이라 하고, 글을 읽고 이해하는 것을 '문해'라고 해.

쓰기

- 쓰기는 문맹에서 벗어나기 위해 꼭 필요한 능력이야.
- 의사소통을 더 잘할 수 있는 수단이기도 해.
- 좋은 직업을 얻는 데 쓰기 능력은 필수야.
- 자신을 표현하는 중요한 방식이지.
- 정보를 기록할 때도 아주 쓸모 있어.

수학

- 산술(계산) 능력이라고도 불러.
- 문제를 해결하거나 무언가를 결정할 때 도움이 된단다.
- 집안일을 비롯해 일상생활에 도움이 되는 중요한 능력이야.
- 시간이나 돈을 관리할 때도 필요해.
- 거의 모든 직업에 꼭 필요한 능력이지.

과학

- 세상이 돌아가는 방식에 대한 지식을 넓히는 과목이야.
- 연구와 문제 해결에 도움이 되지.
- 연구 방법이나 연구 설계, 실험 등의 수준을 높인단다.
- 생활 방식을 개선해 줘.
- 건강을 지켜 주기도 해.
- 새로운 기술을 개발할 때도 필요하지.

기술

- 분석 능력을 향상시켜.
- 어려운 문제뿐만 아니라 일상의 문제에 대한 현실적인 해결책을 찾을 수 있어.
- 의사소통이 잘 되도록 이끌어 줘.
- 지속 가능한 발전에 도움이 되지.
- 모든 사람이 안전하고 건강히 살 수 있게 도와준단다.

공학

- 문제 해결 능력을 높일 수 있어.
- 모든 건축물과 기계를 만드는 데 핵심적인 역할을 해.
- 일상생활을 더 편리하게 바꿔 주지.
- 도시와 나라 전체가 발전하도록 돕는 기술이야.
- 사회를 발전시키기도 하지.

예술

- 그리기와 디자인, 모형 제작도 예술이야.
- 자유롭게 자신을 표현할 수 있어.
- 예술 작품을 통해 나 자신과 일상의 문제를 돌아볼 수 있어.
- 창의성과 자신감을 높여 준단다.
- 팀워크를 다지는 데도 도움이 되지.

어떤 직업이든 여기서 이야기한 7가지 능력과 기술이 꼭 필요하단다. 그러니까 좋은 교육이라면 이 능력과 기술을 키우도록 이끌어야겠지?

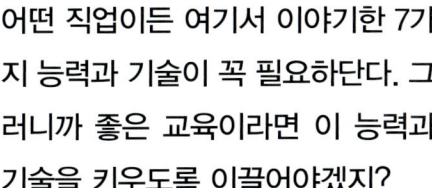

교육에서의 성차별

아직도 여자에게 남자와 똑같은 기회를 주지 않는 나라가 많아. 성차별이 심한 나라에서는 보통 여자아이가 학교에 가는 대신 집안일을 떠맡고는 하지. 학교에 가더라도 겨우 몇 년만 다니는 정도란다. 유엔의 목표 중 하나는 성별을 가리지 않고 아이라면 누구나 공짜로 초등교육과 중등교육을 받게 하는 거야.

이건 너무 불공평해

전 세계적으로 학교교육을 받지 못하는 아이는 남자보다 여자가 훨씬 많아.

이런 문제는 주로 남자가 여자보다 더 많은 특권을 누리는 문화권에서 나타나지. 중동과 중앙아시아, 남아시아, 서아시아가 대표적이란다.

이 지역의 여자아이들은 대개 가족을 돌보거나 아주 어린 나이에 결혼해서 아이를 낳아. 학교에 다니는 것 자체가 행운이지만, 그마저도 기초적인 과목만 배우고 그만두는 경우가 흔해.

예멘의 여자아이 가운데 학교에 한 번도 가지 못한 아이가 80퍼센트나 돼. 교육을 못 받으면 좋은 직업을 구하기 어려워서 어른이 된 다음에도 아주 가난하게 살 가능성이 높아.

소말리아와 아프가니스탄, 남수단공화국을 비롯해 많은 나라가 여자아이 교육에 예산을 거의 쓰지 않고 있어.

〈2021년 세계 성 격차 보고서〉에 따르면, 많은 나라가 교육에서 성 평등을 달성하는 목표에 조금씩 다가가고 있어. 아주 바람직한 발전이지만 여전히 사하라사막 이남 아프리카 지역과 중동을 비롯해 여러 나라에서는 초등학교에 다니는 남자아이보다 여자아이의 수가 훨씬 적어. 기초 교육을 받지 못한 여자아이가 중등교육이나 그 이상의 교육을 받을 기회는 아예 없다고 봐야 하지.

공평한 교육을 위한 길 셋

여러 조직과 자선단체, 개인이 전 세계 여자아이들의 교육환경을 개선하기 위해 노력하고 있어.

1. 유네스코(UNESCO)는 나이와 상관없이 모든 여성에 대한 교육을 지원하고 있어. 특히 정부 차원에서 스팀 교육을 강화하고, 여자아이와 여성이 스팀 과목을 더 많이 배울 수 있도록 돕고 있지.

2. 파키스탄의 가난한 집에서 태어난 말랄라 유사프자이는 11세란 어린 나이에 여자아이들의 교육권을 위해 싸우기 시작했어. 이 때문에 2012년 총에 맞아 크게 다치기도 했지만, 2년 뒤 17세에 인도의 카일라시 사티아르티와 함께 노벨 평화상을 받았어. 역대 가장 어린 수상자였지.

3. 2015년, 당시 미국의 영부인 미셸 오바마는 미국평화봉사단과 협력해 여성들이 교육 받을 수 있도록 도왔어. '여자아이에게 배움의 기회를'이라는 뜻인 '렛걸스런(Let Girls Learn)' 운동을 통해 아프리카 18개 나라에 많은 돈을 지원하면서 선생님 수천 명을 교육하고, 교육 물자를 제공하고, 여자아이들이 학교에 다니도록 격려했단다.

소녀들의 권리 성 평등

교육에서 소외되지 않도록

학교에 다니는 것 자체가 어려운 사람도 있지. 집이 너무 가난하거나 몸에 장애가 있어서, 전쟁 때문에 큰 피해를 입어서 등등 이유는 다양해. 이런 사람들을 교육할 때는 더 특별히 신경 써야 하지만 많은 나라에서 제대로 지원하지 못하는 상황이야. 그래서 결국 교육 과정에서 아예 제외되는 경우가 많단다.

교육에서 소외된 아이들

전 세계 수백만 장애아들도 제대로 교육받지 못하고 있어. 이들 중 대다수는 아예 학교에 가지도 못해. 또한 학교교육을 받더라도 특수학교에 다니기 때문에 또래 집단이나 특정한 활동에서 소외될 수 있단다.

가난한 가정의 아이들은 안전한 집이 없거나 먹을 것이 부족할 때가 많아. 배가 고프면 공부에 집중하기가 무척 어려워. 영양이 부족하거나 굶주림에 시달리면 뇌가 제대로 발달하지 못해서 학습에 아주 큰 어려움을 겪을 수 있어.

약 2억 5,000만 명의 아이들이 전쟁으로 피폐해진 나라에 살고 있어. 전쟁이 나면 학교가 문을 닫거나 학교 건물이 완전히 파괴되기도 하지. 어쩔 수 없이 살던 곳을 떠나 난민이 된 아이들은 여러 학교를 옮겨 다녀야 한단다. 어딘가에 정착했다 해도 그곳에 학교가 없을 수도 있어.

가난하거나 전쟁을 겪고 있는 나라는 교육보다 식량과 집, 깨끗한 식수 등에 돈을 먼저 쓰는 경우가 많아. 그러면 정식 교육을 받은 선생님과 행정실 직원, 학습 자료나 시설 등이 부족하게 되지. 또한 특별한 도움이 필요한 학생들은 교육을 받기가 더 어려워질 거야. 어찌어찌 초등학교에 입학하더라도 중학교로 진학할 가능성은 매우 낮지.

지구 마을 뉴스

약자를 지원하는 단체 셋

수많은 사회적 약자가 교육과정에서 소외되지 않도록 세심하게 지원해야 해.

1. 세상의 빛이라는 뜻인 '라이트오브더월드(Light of the World)'는 장애인도 비장애인과 똑같은 학습 기회를 얻도록 도움을 주는 단체야. 장애인의 입학을 돕고, 장애인이 이용하기 쉽도록 학교 건물을 개조하고, 특수교육 교사를 길러 내고, 장애인의 교육과 관련해 필요한 물자를 제공하는 등 다양한 활동을 펼치고 있어.

2. 유니세프(UNICEF)는 전 세계 모든 어린이가 동등하게 교육받도록 지원하고 있어. 장애아뿐만 아니라 비상사태가 벌어진 곳에서 사는 아이들의 교육권을 지키기 위해 애쓰는 중이야.

3. '교육을 위한 글로벌 파트너십(GPE)'은 가난한 나라의 교육제도를 개선하는 데 도움을 주는 국제 기금이야. 2015년에는 난민을 위한 학교를 지원하기 위해 중앙아프리카의 차드에 700만 달러를 제공했어. 2020년에는 바누아투에서 태풍 피해를 입은 아이들을 도왔지. 이 두 사업만으로도 수백 개나 되는 교실을 짓고 교과서 수천 권을 제공하는 것은 물론, 선생님들을 교육했어. 게다가 수천 명의 난민을 위해 우물과 화장실을 건설했단다.

읽기와 쓰기

세계 많은 지역의 아이들이 학교에 아예 입학하지 않거나, 입학하더라도 충분히 교육받지 못하고 있어. 놀랍게도 오늘날 전 세계 인구의 15퍼센트 가까이가 글을 읽고 쓸 수 없는 문맹이라고 해.

글을 읽고 쓰는 것도 인권이야. 사람이라면 누구나 자신의 일상생활과 관련된 간단한 문장을 읽고 쓰고 이해할 수 있어야 하니까.

아프리카 북동쪽의 소말리아나 서부의 부르키나파소 같은 몇몇 아프리카 국가에서는 아이들이 학교에 다니는 기간이 평균 2년도 안 된단다.

가난한 국가에서는 장애가 있는 아이가 그렇지 않은 아이보다 기본적인 읽기 능력을 갖출 가능성이 훨씬 낮아.

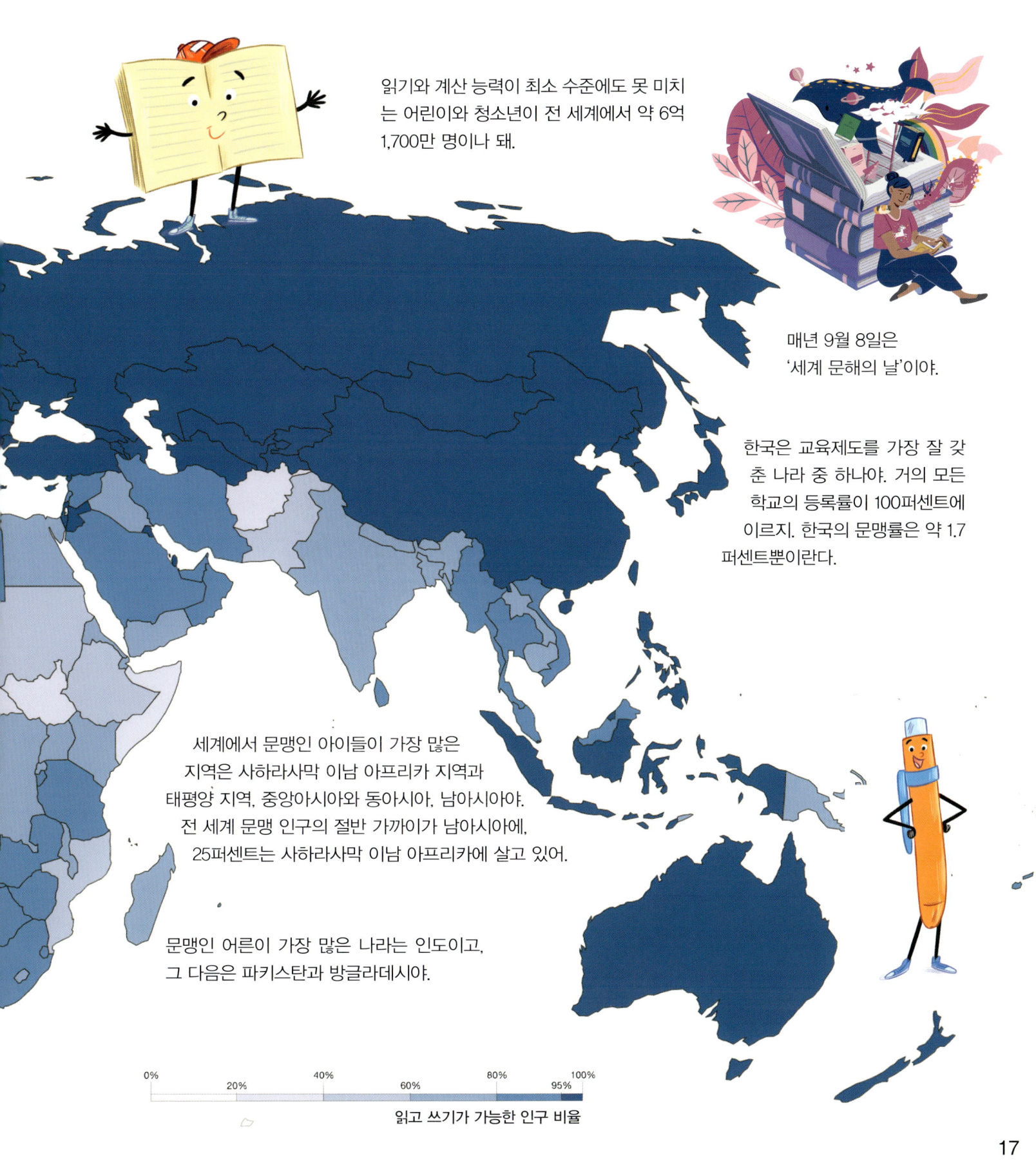

읽기와 계산 능력이 최소 수준에도 못 미치는 어린이와 청소년이 전 세계에서 약 6억 1,700만 명이나 돼.

매년 9월 8일은 '세계 문해의 날'이야.

한국은 교육제도를 가장 잘 갖춘 나라 중 하나야. 거의 모든 학교의 등록률이 100퍼센트에 이르지. 한국의 문맹률은 약 1.7퍼센트뿐이란다.

세계에서 문맹인 아이들이 가장 많은 지역은 사하라사막 이남 아프리카 지역과 태평양 지역, 중앙아시아와 동아시아, 남아시아야. 전 세계 문맹 인구의 절반 가까이가 남아시아에, 25퍼센트는 사하라사막 이남 아프리카에 살고 있어.

문맹인 어른이 가장 많은 나라는 인도이고, 그 다음은 파키스탄과 방글라데시야.

읽고 쓰기가 가능한 인구 비율

다양한 교육기관

학교의 종류는 무척 다양해. 대부분의 학교는 학생의 입학 나이에 따라 수업 내용을 정하지. 유치원은 빠르면 만 2세부터 들어가는데, 유치원에 다니지 않아도 일정한 나이가 되면 초등학교에 바로 입학할 수 있어. 그 다음에는 중등교육 기관으로 진학해. 어른은 나이와 상관없이 전문대학이나 대학교에서 공부할 수 있어.

유치원
학교에 들어가기에는 아직 어린 아이들이 놀이를 통해 학습하는 곳이야. 유치원에서 교육받은 아이들은 초등학교에서도 잘 적응한다고 해.

홈스쿨링
부모님이나 개인 교사가 집에서 아이들을 교육하는 거야. 홈스쿨링은 미국과 영국, 캐나다, 뉴질랜드, 호주 등에서 인기가 높지만, 반대로 아예 불법으로 정한 나라도 있어.

초등교육
보통 만 5세에서 11세까지 초등학교에서 교육을 받아. 수업 시간에는 주로 읽기와 쓰기, 간단한 계산법을 배우고 다양한 체육 활동을 한단다. 그리고 세상을 이해하는 데 도움이 되는 수업을 하지. 대부분의 나라에서 초등교육을 의무로 규정하고 무료로 진행하고 있어.

중등교육

초등교육을 마친 다음에는 중등교육으로 넘어가는데 그 형태는 나라마다 달라. 한국처럼 중학교와 고등학교로 나누기도 하고, 고등학교가 따로 없이 만 19세까지 중학교에서 교육하기도 해. 중학교에서는 초등학생 때 배운 과목을 다시 공부하는데 당연히 수준은 훨씬 높아. 그리고 외국어처럼 초등학교에는 없던 새 과목이 추가되거나 과학이 물리와 화학, 생물 등으로 세분화되기도 해.

전문대학

중등교육을 마치면 전문학교나 성인 교육기관에서 계속 공부할 수 있어. 전문대학은 정보 통신이나 기계공학, 농업, 비서학처럼 실용적인 직업 교육 위주로 수업을 진행하지.

직업 전문학교

직업 전문학교는 어떤 직업에 필요한 기술을 집중 훈련하는 교육기관이야. 배관이나 미용, 출장 요리, 아동 보육, 목공 등의 과정이 있어.

대학교

대학교는 나이와 상관없이 누구나 공부할 수 있는 곳이야. 학생은 자기가 관심 있는 분야의 수업을 선택해 들을 수 있어. 학기 말에는 대개 그동안 잘 배우고 이해했는지 확인하기 위해 시험을 보지. 대학교를 졸업한 후에는 석사와 박사 학위를 따거나 연구를 계속하기 위해 대학원에 진학할 수 있어.

어른도 교육이 필요해

아이들만 학교에 다니는 건 아니야. 교육을 받아야 할 어른도 많거든. 읽고 쓰는 법이나 기본적인 계산을 배워야 할 수도 있고, 어떤 직업에 필요한 기술을 익히기 위해서일 수도 있어. 돈을 더 많이 벌기 위해 농업이나 경영학처럼 특정 분야에서 전문 지식을 쌓는 경우도 있지.

교육에 늦은 나이는 없어

전 세계 문맹률은 지난 50년 동안 점점 떨어졌지만, 여전히 어른 중 7억 7,400만 명이 문맹이야.
이들 중 절반 이상이 여성이고, 대부분은 인도와 중국, 파키스탄, 이란에 살고 있어.

이런 심각한 상황에도 불구하고 일부 나라들은 성인교육에 돈을 충분히 쓰지 않아. 이건 부유한 선진국도 마찬가지야. 게다가 성인 교육기관을 세워도 등록하는 사람의 수가 너무 적어서 문제란다.

글을 읽고 이해하는 교육을 받고 직업 훈련 과정을 거치면 삶에 꼭 필요한 기술을 익힐 수 있어. 그러면 일을 더 잘할 수 있을 뿐만 아니라 가족과 지역사회의 삶도 더 나아지겠지?

한 번 더 생각해 보기

어른이 받을 수 있는 교육도 무척 다양하단다.
- **문해와 산수** : 글을 읽고 쓰고 이해하기, 기본적인 계산법.
- **개인 복지** : 건강과 위생, 부모 노릇과 육아법, 가족 관계, 돈을 벌고 쓰고 저축하는 등의 돈 관리법.
- **직업, 기술, 전문직 교육** : 새 직업을 구하기 위해 준비하거나 정보 기술과 경영, 관광, 지속 가능성 등 여러 분야에서 자신의 능력을 발전시키기.
- **시민교육** : 시민의 권리와 정치, 공동체의 발전에 대해 탐구하기.
- **예술** : 공예, 춤, 문학, 음악, 연극.

성인교육의 발전 셋

성인교육이 잘 이루어지면 개인뿐만 아니라 가족과 지역사회, 나아가 국가 전체에 도움이 돼.

1. 잠비아, 우간다, 탄자니아, 케냐, 말라위 등 아프리카의 여러 나라에서 초등교육을 무료로 실시하자 많은 성인이 학교에 들어갔어. 그제야 글을 읽고 쓰는 법을 배운 어른 수천 명이 중등 교육기관으로 진학하거나 회사의 정규 직원으로 일자리를 얻었단다.

2. 개발도상국도 성인교육과 관련해 더디기는 하지만 확실히 발전하고 있어. 여러 나라가 성인교육에 예전보다 돈을 더 많이 쓰고 있거든. 그 결과 2015년 이후 2~3년 사이에 성인교육을 받는 사람의 수가 사하라사막 이남 아프리카와 아랍에서는 약 70퍼센트, 남아메리카와 카리브해 지역에서는 60퍼센트, 아시아 태평양 지역에서는 약 50퍼센트나 늘었지.

3. 중국은 2016년에 거의 일주일에 하나꼴로 새 대학교를 세웠어. 2030년이 되면, 전 세계의 스팀 전공 대학 졸업자 중 60퍼센트 이상이 중국과 인도 출신일 거래. 유럽 사람은 8퍼센트, 미국 사람은 4퍼센트 정도라니, 중국과 인도가 전 세계 인구의 36퍼센트를 차지하는 것을 감안하더도 굉장한 수치야.

부족한 학교와 교육 장비

많은 개발도상국의 학교 시설은 뒤떨어진 편이야. 교실이 하나뿐이거나 아예 없어서 야외에서 수업하는 학교도 있거든. 모든 학생이 사용할 만큼 교육 장비가 충분하지도 않고, 어떤 과목에 필요한 장비는 전혀 없는 경우도 많아. 공부에 꼭 필요한 교과서와 참고서는 낡거나 출간된 지 너무 오래된 상태이고, 책 한 권을 10명이 넘는 학생들이 함께 보기도 한단다.

 ## 기본적인 것도 모자라

많은 아이들이 무너질 위험이 있거나 설비가 부족한 건물에서 교육받고 있어. 사하라사막 이남 아프리카에서는 한 교실에서 수업받는 학생 수가 너무 많아서 차라리 교실 밖에서 수업하는 게 나을 정도지. 차드에는 마실 물과 화장실을 갖춘 학교가 별로 없어.

교과서나 학용품, 교육 장비가 충분하지 않아서 제대로 배우지 못하는 학생도 많아. 그리고 사하라사막 이남 아프리카에 있는 초등학교의 절반 가까이는 전기도 들어오지 않는대.

전기가 없으면 컴퓨터를 쓰거나 인터넷에 접속할 수 없어. 그러면 선생님은 다양한 방식으로 수업하기 어렵고, 고학년 학생도 수준 높은 교육을 받을 수 없게 된단다.

한국의 학교에는 컴퓨터 및 휴대용 스마트 기기가 보급되었고 인터넷도 잘 연결되지만, 태국의 시골 지역에는 텔레비전만 겨우 갖춘 학교도 많아.

지구 마을 뉴스

전 세계 수많은 아이들이 집에서 엄청나게 먼 학교에 다니는 것도 문제야. 3시간이나 걸어서 학교에 가는 아이들도 있어. 파키스탄에서는 학교가 너무 멀어서 매일 등교하지 못하는 학생이 수두룩하지. 특히 많은 여자아이들이 입학 자체를 포기하는데, 집에서 가까운 곳에 새 학교를 세우면 여자아이들의 입학률이 높아진대.

교육 환경을 개선하는 방법 셋

개발도상국의 교육 환경을 개선하려면 여러모로 지원이 필요해.

1. '아프리카 희망기금'은 아프리카의 모든 아이들이 좋은 교육을 공짜로 받을 수 있도록 지원하고 있어. 잠비아 등 여러 나라에서 가난한 아이들이 중등교육을 받을 수 있도록 돕는 것은 물론, 토고에 새 교실과 도서관을 짓고, 아프리카 전 지역에 학용품을 기부하고 있지.

2. 우간다는 초등교육부터 성인교육까지 모든 교육 수준을 개선하는 데 힘을 쏟고 있어. 초등학교에는 도서관을 짓고, 어른을 교육하기 위해 지역 문화센터를 세웠지. 또한 나라 전체의 문맹률을 낮추기 위해 시골 학교들을 찾아가는 이동식 도서관에 지원금을 주었어. 중등교육 기관에는 과학 수업에 쓸 컴퓨터와 프로젝터를 제공해 교육의 질을 높이고 있단다.

3. 터키에는 현재 400만 명이 넘는 난민이 살고 있는데, 이 가운데 학교에 다녀야 할 아이들이 100만 명이나 돼. 터키 정부는 이 아이들을 위해 새로운 학습 자료를 제공하고, 학교에 오갈 수 있도록 경제적으로 지원하고 있어. 또한 터키어 교육을 시행하는 한편 난민 학생들을 위한 선생님을 육성하고 있지.

선생님 교육

선생님 수가 적거나 정식으로 선생님이 되는 교육을 받지 않은 사람이 수업을 맡으면 교육의 질은 떨어질 수밖에 없어. 어디든 훌륭하고 다양한 선생님이 필요하지만 특히 초·중등교육 과정에는 남자 선생님과 젊은 선생님이, 성인교육 과정에서는 여자 선생님이 더 많이 있어야 하는 상황이야.

좋은 선생님이 부족해

2016년 유엔은 지속가능발전목표를 제시하면서, 2030년까지 교육 관련 목표를 달성하려면 전 세계 학교에 교육받은 선생님의 수가 6,900만 명 늘어야 한다고 발표했어.

하지만 가난하고 열악한 지역에서는 선생님들이 대부분 적절한 교사 교육을 받지 못했어. 그래서 가르치는 방법을 전혀 모르는 선생님도 있을 정도야.

가르치는 방법만큼이나 문제가 되는 것이 바로 부족한 교육 장비야. 과학과 기술, 공학 같은 수업은 그에 맞는 수업 장비가 꼭 필요해. 그게 부족한 사하라사막 이남 아프리카 지역에서는 과학 관련 수업이 너무 기초적인 수준에 머물러 있단다.

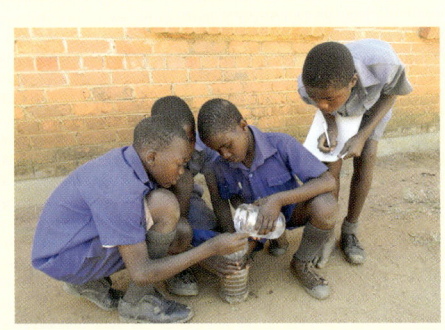

한 번 더 생각해 보기

상황이 가장 심각한 곳은 사하라사막 이남 아프리카 지역이야. 2030년까지 전 세계 사람이 좋은 교육을 받는다는 유엔의 목표를 달성하려면 초·중·고등학교의 선생님이 1,700만 명이나 더 필요해. 이 지역에서 학교에 입학하는 어린이의 수가 전 세계에서 가장 빠르게 늘고 있어. 하지만 유네스코에 따르면 이 지역 나라들의 70퍼센트 이상이 초등학교 선생님이 부족하고, 90퍼센트가 중·고등학교 선생님이 모자란대. 더구나 유치원과 중등교육 선생님의 50퍼센트 정도만, 그리고 초등학교 선생님의 64퍼센트만 정식으로 교사 교육을 받았단다.

좋은 선생님을 기르는 방법 넷

학생이 잘 배우려면
잘 가르치는 선생님이 있어야 해.
그래서 교사 교육이 필요한 거야.

1. 중국과 말레이시아에서 선생님은 굉장히 존경받는 직업이야. 핀란드에서는 선생님 대부분이 석사 학위를 가지고 있고, 룩셈부르크 선생님의 월급은 세계에서 가장 많아. 인도네시아와 베냉의 선생님은 공무원 중에서도 지위가 높고, 한국에서는 선생님으로 일하는 기간이 길수록 급여가 올라가지.

2. 2014년, '교육을 위한 글로벌 파트너십'은 우간다 정부가 선생님의 능력을 높이고 선생님의 수를 늘릴 수 있도록 1억 달러를 지원했어. 덕분에 읽기, 수학, 영어 과목에서 초등학교 선생님들의 교수법(가르치는 방법)이 더 좋아졌고, 학교의 관리 체계가 개선되었으며, 학생들의 발달 상황을 관찰하는 컴퓨터 시스템도 개발되었어.

3. 여러 나라의 우수한 선생님들이 서로의 학교에 가서 다양한 학교 운영 과정을 경험하는 교사 교환 프로그램도 있어. 이를 통해 선생님은 더 좋은 교수법을 배우고 서로의 지식을 나눌 수 있지.

4. '아프리카 여성교육자 포럼'은 사하라사막 이남 아프리카 여학생과 성인 여성의 교육 수준을 높이기 위해 노력 중이야. 선생님에게 더 좋은 학습 장비를 주고, 기술을 가르치거나 직업 교육을 할 때 알맞은 방법도 가르쳐 주고 있어.

코로나19와 교육 위기

2020년까지는 많은 나라가 교육제도를 더 좋게 바꾸는 데 성과를 거두고 있었어. 그런데 코로나19가 전 세계로 퍼지면서 많은 학교가 수업을 중단하고 말았지. 몇 달이 지나지 않아 어린이와 청소년의 90퍼센트나 학교에 가지 못했고, 어떤 아이들은 아예 학교를 그만두었단다.

 문 닫은 학교

2020년 4월이 되자 거의 모든 유치원과 초·중·고등학교를 비롯해 전문대학과 대학교가 문을 닫았어. 전 세계 200개 나라에서 약 16억 명의 학생이 직접 얼굴을 마주 보는, 대면 교육을 받을 수 없게 된 거야. 하루빨리 새로운 교육 수단을 개발해야 하는 상황이 되었어.

선진국에서는 학교와 정부가 함께 원격 수업 시스템을 만든 덕분에 학생들이 컴퓨터와 인터넷만 있으면 동영상 강의를 통해 계속 공부할 수 있었지. 하지만 컴퓨터를 잘 다루지 못하거나 인터넷에 접속할 수 없는 수많은 학생이 원격 수업을 듣지 못했어.

코로나19가 전 세계로 퍼지면서 학생들은 몇 달 동안 학교에 가지 못했어. 다시 학교로 돌아오지 못한 학생도 있고, 성적이 떨어지거나 다음 학년으로 올라가지 못한 학생도 늘었지. 가난한 가정의 아이들은 부모님의 수입이 줄어드는 바람에 공부를 포기하고 일을 구할 수밖에 없는 상황에 몰렸단다.

아이들이 학교에서 수업을 듣는 건 공부하는 것 이상의 의미가 있어. 학교는 아이들에게 안전한 장소가 되고, 공짜로 밥을 먹이고, 예방 접종을 하는 등 건강을 관리하기도 하니까. 코로나19가 퍼지는 바람에 학교가 문을 닫으면서 약 3억 6,900만 명에 달하는 아이들이 학교에서 매일 제공되는 급식을 먹지 못했어. 또한 손을 씻는 위생 시설과 깨끗한 화장실을 사용할 수 없게 됐지. 잘 먹지 못한데다 비위생적인 환경에 놓인 아이들은 몸이 약해졌고, 코로나19에 감염되었을 때 회복도 훨씬 어려웠단다.

지구 마을 뉴스

공부를 이어가는 방법 셋

코로나19 대유행 시기에 만든 다양한 원격 수업 방식은 미래에도 큰 도움이 될 거야.

1. 중국과 스페인, 멕시코에서는 텔레비전 방송으로 수업을 진행했어. 홍콩은 가정학습 애플리케이션을 개발하고, 우루과이에서는 실시간 온라인 교육을 시행했지. 파키스탄과 케냐, 가나에서는 라디오로 강의했고 말이야. 중국에서는 교육부 장관이 다양한 주민들과 협력해서 새로운 온라인 저장 매체를 활용한 온라인 교육 서비스를 개발했어. 이것은 중국의 교육부와 공업신식화부 주도로 교육 기반시설 전체를 개선하는 사업이기도 했지.

2. 코로나19 사태로 사회적 거리두기가 진행되자 전 세계 사람들은 평소보다 책을 훨씬 더 많이 읽었어. 특히 전자책을 이용하는 수가 엄청 늘었대.

3. 거의 모든 나라는 학생들이 최대한 빨리 다시 학교에 다닐 수 있도록 노력 중이야. 의료용 마스크와 손소독제를 공짜로 나눠 주거나 수업에 들어가기 전에 모든 학생의 체온을 재는 등 철저하게 관리하고 있지.

문제는 돈이야

교육을 하려면 돈이 많이 들어. 우선 학교와 선생님이 있어야겠지? 선생님을 계속 교육해 육성하는 한편, 교육 장비와 재료를 마련하고 행정 직원도 고용해야 하지. 하지만 교육에 쓸 돈이 부족하거나 돈이 있어도 교육에 충분히 투자하지 않는 나라가 많아. 그래서 아이와 어른 모두 필요한 만큼 교육받지 못하는 경우가 흔하단다.

 지원이 필요해

개발도상국에서는 아이 1명을 13년 동안 교육하는 데 하루에 약 1달러 25센트씩 쓰고 있대. 하지만 이 돈으로는 부족해. 한 아이에게 하루 5센트만 더 써도 교육 여건이 훨씬 더 좋아질 수 있어.

'교육을 위한 글로벌 파트너십'은 세계의 가난한 나라들에게 예산 중 최소 20퍼센트를 교육에 사용하도록 권하고 있어. 하지만 많은 국가가 예산이 부족해서 해외의 도움과 기부를 받아야 하는 처지야. 지원을 받아도 모든 아이가 교육을 제대로 받기에는 턱없이 부족하지.

학교에 돈이 없으면 선생님에게 급여를 주기 어렵겠지. 그럼 선생님의 수는 줄어들게 되고, 학급당 학생 수가 많아질 수밖에 없는 거야.

나이와 능력과 요구 사항이 다른 아이들이 한 반에 몰려 있다면 가르치는 것과 배우는 것 모두 아주 힘들겠지? 이런 문제 때문에 학교를 관두는 아이가 많은 게 현실이란다.

한 번 더 생각해 보기

초등학교 선생님 1명당 학생 수는 나라마다 차이가 크지. 세계 평균은 18명이지만 덴마크와 노르웨이, 스웨덴은 9~12명 정도야. 하지만 대부분 이보다 학생 수가 훨씬 많아.

- 코스타리카 : 12명
- 일본 : 16명
- 러시아 : 21명
- 말라위 : 58명
- 미국 : 14명
- 중국 : 16명
- 나이지리아 : 37명
- 영국 : 15명
- 호주 : 17명
- 차드 : 56명
- 한국 : 16명
- 브라질 : 20명
- 중앙아프리카공화국 : 83명

교육을 지원하는 손길 셋

많은 나라가 외부의 기금을 지원받아 교육제도를 바꾸고 있어.

1. 2021년 7월, 30개국 이상의 지도자들이 영국 런던에서 '글로벌 교육 정상회담'을 열었어. 전 세계 교육제도에 대해 논의하고 약 90개국의 교육제도를 개선하기 위해 교육 기금을 늘리자고 약속했지.

2. '메리스밀스(Mary's Meals)'라는 자선단체는 아이들에게 기본적인 학용품을 제공하기 위해 '백팩 프로젝트(Backpack Project)'라는 사업을 벌였어. 기부받은 공책과 연필, 색연필, 지우개, 자, 연필깎이, 필통 등을 책가방에 넣어 세계에서 가장 가난한 지역에 전달하는 거야. 그 속에 옷과 비누, 치약 같은 생활필수품과 귀여운 장난감도 함께 넣었어.

3. 세계은행은 저소득 국가가 교육제도를 바꿀 수 있도록 해마다 수억 달러를 지원하고 있어. 여러 아프리카 나라는 지원금으로 과학과 기술, 공학과 수학 같은 과목의 교육 수준을 높이고 있단다.

올바름을 가르치는 교육

교육을 받는다는 것은 교과과정의 과목을 배우는 것만 의미하지는 않아. 인간적으로 성숙해지고, 옳고 그름을 구별하고, 책임감을 갖는 것과 서로의 다름을 이해하는 것, 그리고 세계 속에서 자신의 위치를 파악하고 자신이 다른 사람들에게 어떤 영향을 미치는지 알아가는 것도 교육을 통해 이루어지지.

❗ 꼭 필요한 시민 의식

공동체의 일원으로 살아가는 사람을 시민이라고 해. 우리는 모두 각자 살고 있는 나라의 시민이야. 좋은 시민이라면 사회 속에서 자신의 책임을 인식하고, 함께 살아가는 다른 이를 기꺼이 도와야 하지.

세계 공동체가 유엔의 지속가능발전 목표를 달성하려면 모든 사람이 시민 의식을 가지도록 교육해야 해. 우리 모두 자신의 권리뿐 아니라 다른 사람의 권리도 소중함을 알아야 하지. 그리고 내가 속한 공동체와 전 세계를 지속 가능한 방법으로 발전시키고 보호하는 법을 배워야 하는 거야.

안타깝게도 학교에서 이런 과목을 가르치는 나라는 많지 않아. 교육을 받은 적이 없으니 평화로운 사회를 만드는 데 무엇이 필요한지도 알 수 없지. 서로에 대한 이해심이 부족하면 의견이 충돌하다 끝내 전쟁으로 이어질 수도 있어.

지구 마을 뉴스

세상 사람들은 저마다 다르지만 누구나 공평하게 대접받아야 해. 평화로운 사회를 만들기 위해 다양성을 배우고 서로 다름을 인정해야 하지. 다양성에는 어떤 것이 있을까?

- 나이
- 피부색
- 문화
- 재산
- 인종
- 종교
- 학력
- 외모
- 생활수준
- 정치적 입장
- 유년기와 양육 과정
- 능력과 행동
- 성 정체성
- 성적 취향

시민 의식을 기르는 방법 셋

좋은 교육이라면 인권과 세계시민 의식을 꼭 가르쳐야 해.

1. 유엔은 2018년에 '세계 인권교육 프로그램'을 수정했어. 사회의 평화를 위해 어린이와 청소년을 가르칠 때 평등과 인권, 다양성을 존중하는 법을 더 강조하기로 한 거야.

2. 나이지리아는 '보편적인 기초교육 프로그램'을 시행해서 시민 의식을 가르치고 있어. 이 교육을 통해 어린이 시민들에게 공동체의 활동에 참여하는 방법, 자신의 권리를 이해하는 방법, 정직하고 책임감 있으며 법을 준수하는 시민이 되는 법을 가르치고 있어.

3. 유네스코는 '세계시민교육'이라는 사업을 통해 학생들이 인권과 불평등, 빈곤과 전쟁, 지속 가능성 등이 전 세계적인 문제라는 사실을 깨달을 수 있도록 돕는 중이야. 이런 문제들은 전 세계 사람들이 평화롭고, 관대하고, 포용적이고, 안전하며 지속 가능한 사회를 만드는 방법을 찾기 위해 함께 노력해야 해결할 수 있어.

성공적인 모범 사례

많은 나라가 좋은 교육 기회를 제공하기 위해 노력하면서 큰 성과를 거두고 있어. 그중 핀란드와 영국, 미국의 이야기를 소개할게.

놀이로 가르치는 핀란드

핀란드의 교육제도는 세계 최고 수준이야. 만 3~5세 아이 중 80퍼센트 가까이가 유치원에 다니고 있어. 부모의 선택에 따라 자유롭게 입학하는 유치원에서는 아이들이 놀이를 통해 배우는데, 정부가 재정적으로 충분히 지원해 준단다. 의무교육은 만 6세부터 시작되지만, 핀란드는 읽기와 과학, 수학 같은 과목에서 세계 최고의 성적을 거두고 있지.

인기 높은 영국의 교육과정

영국의 교육과정은 세계적으로 가장 인기가 높아. 전 세계 수천 개의 학교가 영국의 교육과정을 채택하고 있어. 게다가 영국은 교육에, 특히 초등학교에 쓰는 예산이 많은 점도 높이 평가받고 있어.

미국의 모든 학생 성공법

미국 정부는 '모든 학생 성공법(ESSA)'이라는 법률을 통해 교육을 지원하고 있어. 2015년에 만들어진 이 법은 유치원부터 중등 교육기관까지 다니는 모든 학생을 돕고 있어. 특히 과학, 기술, 공학, 수학, 예술 및 디자인을 가장 중요한 과목으로 보고 집중적으로 지원하고 있단다.

생활 속 실천 방법 셋

우리도 좋은 교육이라는 목표를 이루기 위해 할 일이 있단다.
1. 세계적 교육 기금에 기부하기.
2. 학교에서 모금 행사 개최하기.
3. 국제 인권에 대해 배우기.

아직 남은 과제

다음 나라들은 해결하지 못한 문제를 위해 조금 더 노력해야 해.

니제르 : 재정 지원과 성인 문맹률
에리트레아 : 학교 출석률
남수단공화국 : 여자아이들의 교육
중앙아프리카공화국 : 학급당 학생 수
코트디부아르 : 학습 성과

찾아보기

공동체 20, 30, 31
공학 10, 11, 24, 29, 32
과학 10, 11, 19, 23, 24, 29, 32
교과과정 30
교육과정 10, 14, 15, 32
교육을 위한 글로벌 파트너십 15, 25, 28
글로벌 교육 정상회담 29
난민 14, 15, 23
노벨 평화상 13
다양성 30, 31
동영상 강의 26
디자인 11, 32
라이트오브더월드(Light of the World) 15
렛걸스런(Let Girls Learn) 13
말랄라 유사프자이 13
메리스밀스(Mary's Meals) 29
모든 학생 성공법 32
무상교육 8, 9
문맹 10, 16, 17, 20
문해 10, 17, 20
미셸 오바마 13
백팩프로젝트(Backpack Project) 29
보편적인 기초교육 프로그램 31
성 평등 12, 13
세계 문해의 날 17

세계 인권교육 프로그램 31
세계시민교육 31
세계은행 29
수학 10, 25, 29, 32
스팀(STEAM) 10, 13, 21
시민 의식 30, 31
아프리카 여성교육자 포럼 25
아프리카 희망기금 23
예술 10, 11, 20, 32
원격 수업 26, 27
유네스코(UNESCO) 13, 24, 31
유니세프(UNICEF) 15
유엔(UN) 6, 9, 12, 24, 30, 31
인권 16, 31, 32
인터넷 22, 26
장애 9, 14, 16
전문대학 18, 19, 26
중등교육 8, 12, 18, 19, 23, 24
지속 가능성 20, 31
지속가능발전목표 6, 9, 24, 30
직업 교육 19, 25
직업 전문학교 19
코로나19 26, 27
평등 31
홈스쿨링 18

글 | 새런 테일러
작가이자 교사로 골드스미스대학교와 데몬트포트대학교에서 공부하고, 2006년에 박사 학위를 받았습니다. 브램블키즈 출판사에서 출간한 여러 과학책과 연극·예술 관련 책에서 작가이자 편집자, 디자이너로 활약했습니다.

그림 | 엘리사 로치
이탈리아 볼로냐에서 태어났습니다. 어릴 때부터 그림 그리기와 이야기 짓기를 좋아했고, 볼로냐의 예술 고등학교와 예술 아카데미에 다니면서 그림 기법을 닦았습니다. 현재 밀라노에서 살며 어린이 책의 삽화를 그리고 있습니다.

옮김 | 김영선
서울대학교 영어교육과를 졸업하고, 미국 코넬대학교에서 문학 석사 학위를 받았으며 언어학 박사 과정을 수료했습니다. 2010년 《무자비한 윌러비 가족》으로 IBBY(국제아동도서위원회) 어너리스트(Honour List) 번역 부문의 상을 받았습니다. 어린이와 청소년을 위한 책을 우리말로 옮기는 일에 힘쓰며 지금까지 200여 권을 번역했습니다. 옮긴 책으로 《제로니모의 환상 모험》, 《구덩이》, 《수상한 진흙》, 《수요일의 전쟁》 등이 있습니다.

감수 | 윤순진
서울대학교 환경대학원 교수이며 한국환경사회학회 회장과 지속가능발전위원회 위원장을 역임하였습니다. 환경 에너지 문제와 기후변화 문제를 환경사회학과 정치경제학적 관점에서 연구하고 있으며, 국내외 학술지에 200여 편의 논문을 게재했고 60여 권의 국영문 단행본 출간에 공저자로 글을 발표하였습니다.

슬기로운 지구 생활
09 좋은 교육

초판 1쇄 인쇄 2022년 5월 4일 **초판 1쇄 발행** 2022년 5월 25일

글쓴이 새런 테일러 **그린이** 엘리사 로치 **옮긴이** 김영선 **감수** 윤순진
펴낸이 김선식

경영총괄 김은영
어린이사업부총괄이사 이유남
어린이콘텐츠사업6팀장 윤지현 **어린이콘텐츠사업6팀** 강별
어린이디자인팀 남희정 남정임 이정아 김은지 최서원
어린이마케팅본부장 김창훈 **어린이마케팅1팀** 임우섭 최민용 김유정 송지은 **어린이 마케팅2팀** 문윤정 이예주
저작권팀 한승빈 김재원 이슬
경영관리본부 하미선 이우철 박상민 윤이경 김재경 최완규 이지우 김혜진 오지영 김소영 안혜선 김진경
물류관리팀 김형기 김선진 한유현 민주홍 전태환 전태연 양문현
외부스태프 편집 홍효은 **디자인** 러비

펴낸곳 다산북스 **출판등록** 2005년 12월 23일 제313-2005-00277호
주소 경기도 파주시 회동길 490 **전화** 02-704-1724 **팩스** 02-703-2219
다산어린이 카페 cafe.naver.com/dasankids **다산어린이 블로그** blog.naver.com/sdasan
용지 한솔피엔에스 **인쇄** 한영문화사 **제본** 대원바인더리 **코팅 및 후가공** 평창피앤지

ISBN 979-11-306-8900-5 74400 979-11-306-8891-0 (세트)

* 책값은 표지 뒤쪽에 있습니다.
* 파본은 본사와 구입하신 서점에서 교환해 드립니다.
* KC마크는 이 재품이 공통안전기준에 적합하였음을 의미합니다.

All Together : Good Education
Copyright © 2021 BrambleKids Ltd
Korean translation copyright © 2022 Dasan Books
Korean translation rights arranged with BrambleKids Ltd through LENA Agency, Seoul.
All rights reserved.

이 책의 한국어판 저작권은 레나 에이전시를 통한 저작권자와 독점계약으로 다산북스가 소유합니다.
신저작권법에 의하여 한국 내에서 보호를 받는 저작물이므로 무단 전재 및 복제를 금합니다.